# Vivre Sans Argent : Défis et Solutions dans un Monde Axé sur la Richesse

Dans un monde où l'argent semble être la mesure de toute chose, où la richesse et la consommation sont souvent célébrées comme des objectifs ultimes, il est temps de prendre du recul et de remettre en question cette notion fondamentale. Ce livre, intitulé "Vivre Sans Argent : Défis et Solutions dans un Monde Axé sur la Richesse," est une invitation à une exploration audacieuse, une quête pour découvrir des alternatives à la dépendance financière et pour repenser notre relation avec l'argent.

L'argent est un outil puissant qui peut ouvrir des portes et offrir des opportunités. Cependant, il peut aussi devenir une source de stress, d'injustice et de déséquilibre. Beaucoup d'entre nous ont été conditionnés à croire que la réussite et le bonheur sont inextricablement liés à la quantité d'argent que nous possédons. Mais qu'arriverait-il si nous remettions en question cette croyance ? Si nous considérions que la richesse ne se mesure pas uniquement en euros, mais en bien-être, en harmonie avec la nature, en liens communautaires, en créativité, et en satisfaction de vie ?

Ce livre est un voyage à travers les possibilités de vivre sans argent, ou du moins, de réduire significativement notre dépendance à l'argent. Nous explorerons des stratégies pour minimiser les dépenses, cultiver l'autosuffisance et l'écologie, et participer à l'économie de partage et d'échange. Nous discuterons des moyens de répondre à nos besoins fondamentaux, tels que le logement, la nourriture, les vêtements, l'accès à l'eau et à l'hygiène, même sans une abondance d'argent.

Mais ce livre est aussi bien plus qu'un guide pratique. C'est une réflexion sur ce que signifie réellement vivre une vie épanouissante, sur la recherche de la liberté financière, et sur la quête de sens dans un monde obsédé par la consommation. Nous plongerons dans les réflexions sur le bien-être, la satisfaction de vie, et les choix qui peuvent nous mener vers une existence plus riche en valeurs et en harmonie avec notre planète.

Nous vous invitons à vous joindre à nous dans cette exploration audacieuse, à remettre en question les conventions et à imaginer de nouvelles façons de vivre et d'interagir avec l'argent. Peut-être trouverez-vous des idées qui vous aideront à alléger votre fardeau financier, à renforcer votre lien avec la nature, à tisser des liens plus étroits avec votre communauté, et à vivre une vie plus épanouissante. Bienvenue dans ce voyage vers la découverte de la liberté financière et de la richesse véritable.

# 1. Introduction

Dans un monde où l'argent est roi, où la richesse matérielle est souvent la mesure de notre réussite, il est temps de nous interroger sur notre rapport à cette ressource puissante. Ce livre, "Vivre Sans Argent : Défis et Solutions dans un Monde Axé sur la Richesse", est un voyage vers une vie plus simple, plus authentique et plus en accord avec nos valeurs profondes.

Nous vivons à une époque où l'argent influence nos choix, notre bonheur et notre bien-être de manière significative. Il est omniprésent, mais paradoxalement, il peut également nous éloigner de ce qui compte vraiment. Ce livre est un appel à la réflexion, une invitation à explorer des alternatives, et un guide pour ceux qui cherchent à réduire leur dépendance à l'argent tout en vivant une vie riche en sens.

Au fil des pages, nous plongerons dans le contexte de la société de consommation, nous examinerons l'importance de l'argent dans notre vie moderne, et nous découvrirons des solutions pratiques pour vivre autrement. Que vous cherchiez à adopter un mode de vie minimaliste, à explorer des systèmes d'échange non monétaires ou simplement à réfléchir à votre propre relation avec l'argent, ce livre vous offre des clés pour ouvrir la porte vers un avenir où le bien-être, la communauté et la durabilité sont au centre de nos préoccupations.

Bienvenue dans ce voyage vers une vie sans argent, où l'abondance ne se mesure pas en billets de banque, mais en expériences riches de sens.

## 1.1 - Contexte de la société de consommation

Dans un monde de plus en plus orienté vers la consommation, où l'acquisition de biens matériels et la recherche de la richesse sont souvent érigées en idéaux, il est de plus en plus difficile de concevoir une vie sans argent. Notre société de consommation nous pousse constamment à dépenser, à accumuler des possessions et à mesurer notre succès en fonction de notre capacité à amasser des richesses matérielles.

Les publicités nous inondent de messages nous incitant à acheter toujours plus, à nous conformer aux dernières tendances et à chercher le bonheur dans la possession de biens. Cette mentalité consumériste a créé une pression constante pour gagner de l'argent, souvent au détriment de notre bien-être, de nos relations et même de notre planète.

Face à ce contexte, il est impératif de remettre en question notre relation avec l'argent et d'explorer des alternatives. Ce livre propose un voyage vers une vie plus simple et épanouissante, en nous aidant à repenser notre rapport à l'argent, à réduire notre dépendance aux biens matériels et à découvrir des moyens innovants de vivre sans argent, ou du moins avec moins d'argent.

Au fil des pages, nous allons explorer les défis auxquels nous sommes confrontés dans une société obsédée par la richesse, ainsi que les solutions pratiques et inspirantes qui nous permettront de vivre de manière plus authentique, plus durable et plus en harmonie avec nos valeurs profondes.

## 1.2 - L'importance de l'argent dans notre vie moderne

L'argent est au cœur de notre vie moderne. Il façonne nos choix, influence nos décisions et conditionne souvent notre bonheur. Dans un monde où la monnaie est le principal moyen d'échange, l'argent est devenu bien plus qu'une simple ressource financière ; il est devenu un symbole de réussite, de sécurité et de statut social.

Dès notre plus jeune âge, nous sommes éduqués dans la croyance que l'argent est essentiel à notre survie. Il est nécessaire pour acheter de la nourriture, se loger, se vêtir, et accéder à l'éducation et aux soins de santé. Nous sommes encouragés à poursuivre des carrières lucratives, à investir et à épargner pour notre avenir. En somme, l'argent est omniprésent dans notre quête d'une vie confortable et épanouissante.

Cependant, cette omniprésence de l'argent a aussi un revers. Elle peut nous amener à sacrifier notre temps, notre santé mentale et nos valeurs personnelles pour gagner plus. Elle peut nous pousser à vivre au-delà de nos moyens, à accumuler des dettes et à entrer dans une course effrénée à la richesse matérielle. Dans cette quête sans fin, il est facile de perdre de vue ce qui est réellement important : notre bien-être, nos relations, notre connexion à la nature et à la communauté.

Ce livre se penche sur cette obsession de l'argent et explore les raisons pour lesquelles il est devenu si central dans nos vies modernes. Nous examinerons également les conséquences de cette obsession sur notre bonheur, notre santé mentale et notre planète. Plus important encore, nous découvrirons comment il est possible de réduire notre dépendance à l'argent et de trouver des chemins alternatifs vers une vie plus riche en sens et en valeurs.

# 2. Les raisons de vouloir vivre sans argent

Dans cette deuxième partie, nous plongerons plus profondément dans les motivations et les raisons qui incitent de plus en plus de personnes à explorer des alternatives à la vie axée sur l'argent. Des aspirations à la liberté financière à la quête d'un sens authentique, nous explorerons les forces qui propulsent le mouvement vers une vie plus riche en valeurs et en bien-être.

## 2.1 - Les conséquences de l'accumulation de dettes

L'accumulation de dettes est devenue une réalité omniprésente dans nos vies modernes. Elle est souvent considérée comme un moyen incontournable pour accéder à l'éducation, à la propriété, ou simplement pour maintenir un niveau de vie décent. Cependant, cette quête incessante d'argent emprunté peut avoir des conséquences profondes et durables sur notre bien-être financier, mental et émotionnel.

### 2.1.1 Stress financier :

L'une des premières conséquences de l'accumulation de dettes est le stress financier. Les dettes peuvent devenir un fardeau écrasant, créant une pression constante pour rembourser, et parfois même des nuits blanches à se demander comment faire face aux échéances. Ce stress peut affecter notre santé mentale, nos relations et notre qualité de vie globale.

### 2.1.2 Dépendance à l'emploi :

Les dettes peuvent nous rendre dépendants de nos emplois actuels, même si nous ne les aimons pas ou s'ils ne correspondent pas à nos aspirations. Cette dépendance peut nous priver de la liberté de choisir des carrières plus satisfaisantes ou de poursuivre des passions qui ne sont pas nécessairement lucratives.

### 2.1.3 Entrave à l'épargne et à l'investissement :

Les paiements de dettes mensuels limitent souvent notre capacité à épargner ou à investir pour l'avenir. Cela signifie que nous sommes moins préparés à faire face aux imprévus ou à planifier notre retraite, ce qui peut créer une anxiété supplémentaire à long terme.

### 2.1.4 Altération de la qualité de vie :

En fin de compte, l'accumulation de dettes peut affecter notre qualité de vie. Nous pouvons nous retrouver à sacrifier nos passions, nos rêves et nos moments de détente pour rembourser des créanciers. Cela peut nous éloigner de ce qui compte vraiment dans la vie.

L'accumulation de dettes peut être un cercle vicieux, mais il est important de réaliser qu'il existe des alternatives. Ce livre explore ces alternatives, allant de la réduction des dépenses à l'adoption d'un mode de vie minimaliste, en passant par la recherche de systèmes d'échange non monétaires. En remettant en question notre relation à l'argent et en réduisant notre dépendance aux dettes, nous pouvons découvrir une nouvelle liberté financière et un chemin vers une vie plus épanouissante.

## 2.2- Les motivations pour explorer des alternatives

Face à l'omniprésence de l'argent dans nos vies modernes et aux conséquences parfois lourdes de l'accumulation de dettes, de nombreuses personnes ressentent le besoin pressant d'explorer des alternatives. Les motivations pour embrasser un mode de vie axé sur des choix de vie non monétaires sont variées, mais elles partagent toutes un désir profond de liberté, de sens et de bien-être.

### 2.2.1 Liberté financière :

L'une des motivations les plus puissantes pour explorer des alternatives à la vie axée sur l'argent est la recherche de la liberté financière. En réduisant les dépenses, en minimisant les dettes et en adoptant un mode de vie frugal, de nombreuses personnes parviennent à se libérer du fardeau financier qui les empêchait de suivre leurs rêves.

### 2.2.2 Sens de l'authenticité :

Pour beaucoup, l'argent est devenu un obstacle à la réalisation de leurs aspirations authentiques. Explorer des alternatives signifie souvent suivre sa propre voie, plutôt que de se conformer aux attentes sociales ou aux pressions financières. C'est un chemin vers la découverte de ce qui est vraiment important pour soi.

### 2.2.3 Durabilité environnementale :

La quête perpétuelle de richesse matérielle a un coût environnemental considérable. Les personnes motivées par la préservation de la planète cherchent souvent à réduire leur empreinte écologique en adoptant un mode de vie plus sobre et en minimisant leur consommat on.

### 2.2.4 Épanouissement personnel :

L'épanouissement personnel est une motivation fondamentale pour ceux qui explorent des alternatives à la vie axée sur l'argent. Cela peut signifier se concentrer sur le développement de compétences, la recherche de passions ou la création de liens plus forts avec la communauté, des aspects souvent négligés dans une vie axée sur la richesse matérielle.

### 2.2.5 Réduction du stress et de l'anxiété :

La poursuite constante de la richesse peut être stressante et anxiogène. En choisissant de vivre avec moins d'argent et moins de possessions, de nombreuses personnes trouvent une plus grande paix intérieure et une réduct on significative du stress.

Ce livre exp ore les motivations profondes qui poussent les individus à rechercher des alternatives à la vie axée sur l'argent. Il offre des idées, des conseils et des exemples concrets pour ceux qui cherchent à embrasser un mode de vie plus simple et plus satisfaisant, tout en reconnaissant que le chemin vers une vie sans argent est unique pour chacun.

# 3. Stratégies pour vivre sans argent

Dans cette section, nous explorerons diverses stratégies pratiques et inspirantes pour vivre sans argent ou du moins avec moins d'argent, en mettant l'accent sur la réduction de la dépendance à la monnaie traditionnelle et sur la quête d'un mode de vie plus simple et plus enrichissant.

## 3.1 Réduire les dépenses au minimum

Dans cette sous-section, nous plongerons dans les techniques et les approches permettant de minimiser les dépenses et de vivre de manière plus frugale. Cela comprend la réduction des coûts de logement, d'alimentation, de transport et d'autres dépenses courantes. Nous examinerons également les avantages de la simplicité volontaire et de la gestion financière prudente.

Réduire vos dépenses au minimum est l'une des premières étapes vers une vie sans argent. Cela implique de repenser votre manière de dépenser et d'adopter une approche plus frugale envers les aspects essentiels de la vie quotidienne. Voici quelques techniques et approches pour minimiser vos dépenses et vivre de manière plus économique.

### 3.1.1 Réduire les coûts de logement :

Le logement est souvent l'une des dépenses les plus importantes. Vous pouvez réduire ces coûts en optant pour un logement plus petit, en partageant un espace avec d'autres personnes, en envisageant des alternatives telles que la colocation ou la vie en communauté, ou même en devenant propriétaire d'une maison autonome.

### 3.1.2 Réduire les dépenses alimentaires :

La nourriture est une autre dépense significative. Vous pouvez économiser en cuisinant à la maison plutôt qu'en mangeant au restaurant, en achetant en vrac, en favorisant les produits locaux et de saison, et en réduisant la consommation de viande et de produits transformés.

### 3.1.3 Minimiser les coûts de transport :

Les frais de transport peuvent être considérables. Vous pouvez réduire ces coûts en utilisant les transports publics, en pratiquant le covoiturage, en marchant ou en utilisant des moyens de transport alternatifs tels que le vélo ou les trottinettes électriques. Si possible, envisagez de vivre près de votre lieu de travail pour réduire les déplacements.

### 3.1.4 La simplicité volontaire :

La simplicité volontaire consiste à réduire délibérément la consommation de biens matériels inutiles. Elle vous encourage à vous concentrer sur ce qui est essentiel dans la vie et à minimiser les distractions liées à la possession de biens matériels. Cela peut inclure la réduction de votre garde-robe, la suppression d'objets superflus, et la réduction de la dépendance aux produits de consommation.

### 3.1.5 Gestion financière prudente :

Une gestion financière judicieuse est essentielle pour minimiser les dépenses. Créez un budget, suivez vos dépenses, éliminez les dépenses inutiles, et recherchez des moyens d'économiser de l'argent à long terme, comme l'investissement dans des produits durables et la recherche de remises ou d'opportunités d'achat groupé.

Réduire les dépenses au minimum ne signifie pas nécessairement sacrifier la qualité de vie. Au contraire, cela peut vous aider à vous concentrer sur ce qui est vraiment important pour vous, à réduire le stress financier et à vous libérer des contraintes de la surconsommation. En adoptant ces stratégies, vous serez sur la voie de la liberté financière et d'un mode de vie plus simple et plus satisfaisant.

## 3.2 L'autosuffisance et l'écologie

L'autosuffisance et l'écologie vont de pair dans notre exploration de modes de vie alternatifs. Nous explorerons comment cultiver votre propre nourriture, réduire les déchets, adopter des pratiques durables et minimiser votre impact sur l'environnement. L'autosuffisance va au-delà de la simple survie ; il s'agit de vivre en harmonie avec la nature.

L'autosuffisance et l'écologie sont deux piliers essentiels de la vie sans argent. Elles vous permettent non seulement de réduire votre dépendance à l'argent, mais aussi de vivre de manière plus durable, en harmonie avec la nature. Dans cette sous-section, nous explorerons ces concepts et vous fournirons des conseils pratiques pour les mettre en pratique.

### 3.2.1 Cultiver votre propre nourriture :

L'un des moyens les plus gratifiants de devenir autosuffisant est de cultiver votre propre nourriture. Vous pouvez commencer petit en plantant des herbes aromatiques sur votre balcon ou en créant un jardin potager dans votre cour. Cela vous permettra de réduire vos dépenses alimentaires tout en ayant un contrôle total sur la qualité de vos produits.

### 3.2.2 Réduire les déchets :

L'autosuffisance et l'écologie vont de pair avec la réduction des déchets. En adoptant des habitudes telles que le recyclage, le compostage, l'achat en vrac, et la réutilisation d'articles, vous contribuez non seulement à préserver l'environnement, mais aussi à économiser de l'argent en réduisant les déchets superflus.

### 3.2.3 Adopter des pratiques durables :

L'autosuffisance vous amène à repenser votre consommation énergétique et à adopter des pratiques durables. Cela peut inclure l'installation de panneaux solaires pour l'énergie domestique, la réduction de la consommation d'eau, et l'utilisation de matériaux de construction écologiques. Ces pratiques peuvent entraîner des économies à long terme tout en réduisant votre impact environnemental.

### 3.2.4 Minimiser votre empreinte carbone :

Vivre en harmonie avec la nature signifie également minimiser votre empreinte carbone. Optez pour des moyens de transport écologiques comme le vélo ou les transports publics, diminuez votre consommation d'énergie et encouragez la réduction des émissions de gaz à effet de serre.

### 3.2.5 La satisfaction de l'autosuffisance :

L'autosuffisance va au-delà de la simple survie. Elle apporte une grande satisfaction personnelle en vous permettant de développer des compétences pratiques, de créer un lien avec la terre et de prendre soin de vous de manière autonome. Cette satisfaction peut contribuer à votre bien-être global.

L'autosuffisance et l'écologie sont des aspects essentiels de la vie sans argent, car elles vous permettent de réduire votre dépendance aux systèmes monétaires tout en créant une vie plus durable et en harmonie avec la nature. Ces pratiques peuvent sembler complexes au départ, mais chaque petit pas compte, et vous pouvez progressivement intégrer ces principes dans votre vie quotidienne pour en récolter les bénéfices à long terme.

## 3.3 Économie de partage et d'échange

L'économie de partage et d'échange offre des moyens innovants de satisfaire vos besoins sans recourir à l'argent. Nous discuterons des avantages de l'échange de compétences, de la création de réseaux communautaires, de l'utilisation de monnaies alternatives, et de la participation à des projets de troc. Cette approche promeut la coopération plutôt que la compétition.

L'économie de partage et d'échange est une approche novatrice pour satisfaire vos besoins sans dépendre de l'argent traditionnel. Elle repose sur la conviction que la coopération et la communauté peuvent remplacer la compétition et la consommation débridée. Dans cette sous-section, nous explorerons les avantages de cette approche et vous fournirons des exemples concrets de ce à quoi cela peut ressembler dans la pratique.

### 3.3.1 Échange de compétences :

L'un des piliers de l'économie de partage est l'échange de compétences. Vous pouvez proposer vos compétences, qu'elles soient professionnelles, artistiques, ou pratiques, en échange de celles d'autres personnes. Par exemple, vous pourriez enseigner la cuisine végétalienne en échange de cours de yoga ou de réparation de vélo. Cela crée des liens communautaires et vous permet d'acquérir de nouvelles compétences sans dépenser d'argent.

### 3.3.2 Réseaux communautaires :

Les réseaux communautaires sont au cœur de l'économie de partage. Rejoindre des groupes locaux ou en ligne dédiés à l'échange de biens et de services vous permet de trouver des partenaires d'échange et de découvrir des opportunités que vous n'auriez peut-être pas connues autrement. Ces réseaux renforcent le tissu social de la communauté.

### 3.3.3 Monnaies alternatives :

Certaines communautés ont créé leurs propres monnaies alternatives, souvent basées sur l'échange de biens et de services plutôt que sur de l'argent traditionnel. Ces monnaies locales favorisent l'économie locale, renforcent les liens entre les habitants et encouragent les échanges équitables.

### 3.3.4 Projets de troc :

Les projets de troc sont des initiatives où les gens échangent des biens ou des services sans utiliser d'argent. Par exemple, vous pourriez participer à un projet de troc de vêtements, où les membres de la communauté apportent des vêtements dont ils n'ont plus besoin et prennent ce dont ils ont besoin en échange. Ces projets favorisent la réutilisation, réduisent les déchets et renforcent les liens sociaux.

### 3.3.5 Promotion de la coopération :

L'économie de partage et d'échange encourage la coopération plutôt que la compétition. Elle met l'accent sur le partage des ressources, la solidarité communautaire et le renforcement des relations humaines. Cela peut contribuer à créer un sentiment de sécurité et de bien-être au sein de la communauté.

L'économie de partage et d'échange offre une alternative riche et enrichissante à la société de consommation axée sur l'argent. En adoptant cette approche, vous pouvez non seulement réduire votre dépendance à l'argent, mais aussi contribuer à la création de communautés plus résilientes et plus coopératives. C'est une manière puissante de vivre en harmonie avec vos valeurs tout en répondant à vos besoins essentiels.

# 4. Répondre à ses besoins primaires

Dans cette section, nous explorerons les moyens de répondre à vos besoins fondamentaux sans dépendre excessivement de l'argent. Nous allons aborder quatre domaines essentiels : le logement, l'alimentation, les vêtements, ainsi que l'accès à l'eau et à l'hygiène. Chacun de ces domaines joue un rôle crucial dans notre vie quotidienne, et il existe des alternatives innovantes pour satisfaire ces besoins sans sacrifier la qualité de vie.

## 4.1 Se loger : Trouver un Toit Sans Briser sa Tirelire

Le logement est l'une des dépenses les plus importantes pour la plupart d'entre nous, mais il existe de nombreuses alternatives pour réduire les coûts et vivre de manière plus durable. Dans cette sous-section, nous explorerons diverses options pour répondre à vos besoins de logement tout en minimisant votre dépendance à l'argent.

### 4.1.1 Vivre en communauté :

La vie en communauté est une option de logement alternative de plus en plus populaire. Elle peut prendre la forme de colocation, de cohabitation intergénérationnelle, de communautés écologiques, ou de maisons partagées. En partageant les dépenses liées au logement, vous pouvez réduire significativement vos coûts de logement tout en bénéficiant de la compagnie et de la coopération de vos voisins.

### 4.1.2 Construction de logements durables :

Si vous envisagez de construire votre propre logement, envisagez des méthodes de construction durables, telles que les maisons en terre, les maisons conteneurs, ou les petites maisons minimalistes. Ces options peuvent réduire les coûts de construction à long terme et minimiser votre empreinte environnementale.

### 4.1.3 Vivre de manière nomade :

Pour ceux qui cherchent l'aventure, vivre de manière nomade peut être une option attrayante. Des camping-cars aux maisons sur roues, ces modes de vie vous permettent de voyager tout en ayant un lieu de vie confortable. Vous pouvez également explorer des communautés de nomades modernes qui partagent des ressources et des informations pour vivre de manière mobile.

### 4.1.4 Réduire la taille de votre logement :

Une manière efficace de réduire les coûts de logement est de réduire la taille de votre espace de vie. Les tiny houses (petites maisons) sont devenues une tendance populaire pour ceux qui cherchent à minimiser leurs dépenses de logement tout en conservant un espace confortable et fonctionnel.

### 4.1.5 Conversion de bâtiments existants :

Certaines personnes optent pour la conversion de bâtiments existants, tels que les entrepôts ou les granges, en logements. Cette approche peut être rentable et permet de réutiliser des structures existantes tout en les adaptant à des besoins de logement.


En repensant votre logement de manière créative et en explorant ces options alternatives, vous pouvez non seulement réduire vos dépenses de logement, mais aussi créer un espace de vie qui reflète vos valeurs et favorise un mode de vie plus durable. Le logement ne doit pas être une source de stress financier, mais plutôt un endroit où vous pouvez vous épanouir tout en respectant vos ressources limitées.

## 4.2 Se nourrir : Cultiver, Partager et Manger avec Sagesse

L'alimentation est bien plus qu'une simple nécessité ; c'est un acte profondément ancré dans notre vie quotidienne, nos traditions et notre culture. Cependant, notre façon de nous nourrir peut parfois devenir une source de dépenses importantes et de gaspillage. Dans cette sous-section, nous explorerons non seulement des moyens pratiques de satisfaire vos besoins alimentaires de manière économique, mais nous plongerons également dans une approche consciente et durable de l'alimentation.

Lorsque nous parlons d'alimentation consciente, nous évoquons une démarche qui va au-delà de la simple satisfaction de la faim. C'est une approche qui reconnaît que nos choix alimentaires ont un impact sur notre santé, notre planète et notre portefeuille. Nous chercherons à équilibrer ces aspects tout en dévoilant des astuces pour réduire vos dépenses alimentaires sans compromettre la qualité de votre alimentation.

Nous découvrirons comment cultiver votre propre nourriture, que vous ayez un petit espace en ville ou une grande parcelle en campagne. Nous explorerons également la possibilité de participer à des projets de jardinage communautaire, une façon de partager la terre et la récolte avec d'autres membres de la communauté.

L'alimentation consciente et durable vous incitera à choisir des aliments locaux et de saison, à réduire la consommation de viande et à minimiser le gaspillage alimentaire. Vous apprendrez à planifier vos repas, à cuisiner à la maison et à partager des repas avec vos proches.

En adoptant une approche consciente de l'alimentation, vous pourrez non seulement réduire vos dépenses alimentaires, mais aussi contribuer à la santé de la planète en réduisant votre empreinte environnementale. Vous découvrirez que l'alimentation n'est pas seulement une question de remplir son estomac, mais une occasion de célébrer la vie, la communauté et la durabilité.

### 4.2.1 Cultiver votre propre nourriture :

Une des manières les plus satisfaisantes et économiques de se nourrir est de cultiver votre propre nourriture. Que vous ayez un petit jardin, un balcon ou simplement de l'espace pour des pots de fleurs, vous pouvez cultiver des légumes, des herbes et même des fruits. Cette approche vous permet de réduire les dépenses alimentaires tout en contrôlant la qualité de votre nourriture.

### 4.2.2 Participer à des projets de jardinage communautaire :

Si vous n'avez pas l'espace ou le temps pour cultiver votre propre jardin, envisagez de participer à des projets de jardinage communautaire. Ces initiatives vous permettent de partager un espace de jardin avec d'autres membres de la communauté et de cultiver des produits frais de manière collaborative.

### 4.2.3 Adopter une alimentation consciente et durable :

En choisissant des aliments locaux, de saison, et en réduisant la consommation de viande, vous pouvez non seulement économiser de l'argent, mais aussi contribuer à la durabilité de la planète. Apprenez à cuisiner des repas nutritifs à partir d'ingrédients simples et à minimiser le gaspillage alimentaire.

### 4.2.4 Économiser grâce à la planification des repas :

La planification des repas peut vous aider à minimiser les dépenses alimentaires en évitant les achats impulsifs. Prévoyez vos repas à l'avance, faites des listes d'achats et achetez en vrac lorsque c'est possible. Réduisez également la fréquence de manger au restaurant, car cela peut rapidement devenir coûteux.

### 4.2.5 La cuisine maison :

Cuisiner à la maison est souvent plus économique que manger à l'extérieur. Apprenez à cuisiner vos plats préférés et à expérimenter de nouvelles recettes. Cela vous permettra de mieux contrôler les coûts et d'apprécier davantage votre alimentation.

### 4.2.6 Le partage de repas :

Le partage de repas avec des amis ou des voisins peut être une manière agréable et économique de savourer des repas. Organisez des dîners potluck ou rejoignez des groupes de partage de repas pour diversifier vos repas sans dépenser une fortune.

Répondre à vos besoins alimentaires de manière économique et durable est non seulement bénéfique pour votre portefeuille, mais aussi pour votre santé et l'environnement. En adoptant ces stratégies, vous pouvez non seulement réduire les dépenses alimentaires, mais aussi adopter un mode de vie plus conscient et plus respectueux de la planète.

## 4.3 Se vêtir : L'Art de la Mode Responsable et Durable

Les vêtements sont une partie essentielle de notre vie quotidienne, mais la surconsommation et le gaspillage dans ce domaine sont malheureusement courants. Dans cette sous-section, nous allons explorer des stratégies pour construire une garde-robe durable et minimaliste, réduire votre dépendance aux achats compulsifs et adopter une approche de la mode responsable.

### 4.3.1 Construire une garde-robe durable et minimaliste :

L'une des premières étapes pour vivre sans argent est de réduire vos dépenses en vêtements. Au lieu de suivre les tendances éphémères, concentrez-vous sur la construction d'une garde-robe durable et polyvalente. Investissez dans des pièces de qualité qui durent plus longtemps, et privilégiez des couleurs et des styles intemporels.

### 4.3.2 Acheter des vêtements de seconde main :

Les magasins d'occasion, les friperies et les plateformes en ligne de vente de vêtements d'occasion offrent une multitude d'options abordables pour renouveler votre garde-robe. L'achat de vêtements de seconde main est écologique, économique, et vous permet souvent de dénicher des pièces uniques.

### 4.3.3 Créer vos propres vêtements :

Si vous avez des compétences en couture ou si vous souhaitez les développer, la création de vos propres vêtements peut être une option gratifiante. Vous pouvez personnaliser votre garde-robe selon vos préférences, réparer des vêtements abîmés et même upcycler des pièces pour leur donner une nouvelle vie.

### 4.3.4 Pratiquer le minimalisme :

L'approche minimaliste de la mode consiste à posséder moins de vêtements, mais de meilleure qualité. Cela vous encourage à vous débarrasser des articles inutiles et à vous concentrer sur l'essentiel. Moins de vêtements signifie moins de dépenses, moins de stress et moins de gaspillage.

### 4.3.5 La mode responsable :

De nombreuses marques se sont engagées à produire des vêtements de manière éthique et durable. Lorsque vous faites des achats, recherchez des marques qui utilisent des matériaux durables, paient des salaires équitables et minimisent leur impact sur l'environnement.

L'adoption d'une approche de la mode responsable vous permettra non seulement de réduire vos dépenses en vêtements, mais aussi de devenir un consommateur plus conscient. Vous contribuerez à réduire la pression exercée sur les ressources naturelles, à soutenir des pratiques éthiques dans l'industrie de la mode et à créer une garde-robe qui reflète vos valeurs et votre style de vie minimaliste.

## 4.4 Accès à l'eau et à l'hygiène : Soins Personnels Prudents et Économies Intelligentes

L'accès à l'eau potable et à des soins d'hygiène adéquats sont des aspects essentiels de notre vie quotidienne. Dans cette sous-section, nous explorerons des moyens de garantir ces besoins fondamentaux tout en minimisant vos dépenses et en adoptant une approche plus responsable.

### 4.4.1 Économiser l'eau :

L'eau est une ressource précieuse, et économiser l'eau est non seulement bon pour la planète, mais peut également réduire vos factures d'eau. Des gestes simples tels que la réparation des fuites, l'installation de pommeaux de douche à faible débit, et la collecte de l'eau de pluie pour l'arrosage peuvent contribuer à économiser de l'eau au quotidien.

## 4.4.2 Économiser sur les Produits d'Hygiène :

Les produits d'hygiène personnelle représentent souvent une part significative de nos dépenses. Dans cette sous-section, nous vous montrerons comment réduire ces coûts en fabriquant vous-même des produits d'hygiène à la maison, tels que du dentifrice, du shampoing et du savon, en utilisant des ingrédients simples et abordables. Vous découvrirez comment cette approche peut vous aider à économiser de l'argent tout en prenant soin de vous de manière naturelle et respectueuse de l'environnement.

## 4.4.3 Accéder à des ressources communautaires :

Dans de nombreuses communautés, il existe des ressources pour aider ceux qui font face à des difficultés financières à accéder à de l'eau propre et à des produits d'hygiène de base. Nous explorerons comment rechercher et utiliser ces ressources pour garantir vos besoins essentiels.

## 4.4.4 L'importance de l'hygiène personnelle :

L'hygiène personnelle est bien plus qu'une simple routine quotidienne ; c'est un pilier fondamental de notre santé et de notre bien-être. Il est crucial de comprendre pourquoi il est essentiel de maintenir de bonnes habitudes d'hygiène, même lorsque vous cherchez à réduire les coûts.

### 4.4.4.1 Santé et bien-être :

L'hygiène personnelle est la première ligne de défense contre de nombreuses maladies et infections. Se laver les mains régulièrement, prendre des douches, se brosser les dents et maintenir des soins de base sont des pratiques qui aident à éliminer les germes et les bactéries qui peuvent causer des problèmes de santé. En maintenant de bonnes habitudes d'hygiène, vous renforcez votre immunité et réduisez le risque de tomber malade.

### 4.4.4.2 Confiance et estime de soi :

Une bonne hygiène personnelle contribue également à renforcer la confiance en soi et l'estime de soi. Se sentir propre et bien entretenu a un impact positif sur la manière dont vous vous percevez et sur la façon dont les autres vous perçoivent. Cela peut améliorer vos relations personnelles et professionnelles et vous donner une plus grande confiance en vous.

### 4.4.4.3 Prévention des problèmes de santé :

L'hygiène personnelle contribue à la prévention de nombreux problèmes de santé liés à l'hygiène, tels que les infections de la peau, les caries dentaires, les infections fongiques, et bien d'autres. En investissant dans votre hygiène personnelle, vous économisez potentiellement sur les coûts de soins médicaux futurs.

Prendre soin de son corps a également un impact positif sur le bien-être émotionnel. Une douche chaude ou un bain relaxant peut apaiser le stress et favoriser la détente. Les soins d'hygiène personnelle peuvent devenir des moments de réflexion et d'apaisement, vous permettant de vous déconnecter du tumulte quotidien.

Il est important de comprendre que la réduction des dépenses ne doit pas se faire au détriment de votre hygiène personnelle. Au contraire, il s'agit de trouver des moyens économiques de maintenir ces bonnes pratiques. En adoptant des méthodes de fabrication de produits d'hygiène à domicile, en recherchant des options abordables pour les produits de base et en gérant judicieusement vos ressources, vous pouvez maintenir votre hygiène personnelle tout en conservant un budget raisonnable. Le maintien de ces bonnes habitudes vous apportera des avantages durables en termes de santé, de bien-être et de confiance en vous.

## 4.4.5 La durabilité de l'hygiène : Un Engagement envers l'Environnement et Votre Avenir

L'hygiène personnelle est un aspect essentiel de notre vie quotidienne, mais il est également possible de la rendre plus respectueuse de l'environnement et durable. Dans cette sous-section, nous allons explorer comment adopter une approche de l'hygiène personnelle plus respectueuse de la planète en choisissant des produits respectueux de l'environnement et en réduisant les déchets liés à votre routine de soins personnels.

### 4.4.5.1 Choisir des produits respectueux de l'environnement :

De nombreuses marques proposent désormais des produits d'hygiène personnelle écologiques, fabriqués à partir de matériaux durables et emballés de manière responsable. Optez pour des savons, shampoings, dentifrices et déodorants qui minimisent leur impact sur la planète. Recherchez des certifications environnementales telles que le label Ecocert ou les produits non testés sur les animaux.

### 4.4.5.2 Utiliser des produits rechargeables :

Les produits rechargeables, tels que les rasoirs, les brosses à dents et les flacons de savon, réduisent considérablement les déchets plastiques à usage unique. En choisissant des produits rechargeables, vous réduisez non seulement les déchets, mais aussi les coûts à long terme.

### 4.4.5.3 Fabriquer vos propres produits d'hygiène :

Comme nous l'avons exploré précédemment, la fabrication de vos propres produits d'hygiène à domicile est une démarche pratique et écologique. Voici quelques exemples de produits d'hygiène que vous pouvez fabriquer vous-même, avec des avantages notables en matière de coûts, de santé et d'environnement :

### 4.4.5.3.1 Dentifrice maison :

Préparer votre propre dentifrice est simple. Vous pouvez mélanger du bicarbonate de soude avec de l'eau et une petite quantité d'huile de noix de coco ou de menthe pour obtenir une pâte. Cette solution est efficace pour nettoyer vos dents, et vous savez exactement quels ingrédients sont utilisés, évitant ainsi les produits chimiques potentiellement nocifs.

### 4.4.5.3.2 Shampoing naturel :

Les shampoings commerciaux contiennent souvent des produits chimiques agressifs. Vous pouvez opter pour un shampoing naturel en mélangeant du bicarbonate de soude avec de l'eau ou en utilisant des ingrédients tels que le vinaigre de cidre de pomme pour le rinçage. Ces alternatives nettoient vos cheveux tout en étant douces pour l'environnement.

### 4.4.5.3.3 Savon fait maison :

Fabriquer votre propre savon artisanal vous permet de personnaliser les parfums et d'éviter les additifs artificiels. Vous pouvez utiliser des bases de savon végétales, de l'huile essentielle pour le parfum, et des colorants naturels tels que la poudre de curcuma.

### 4.4.5.3.4 Déodorant naturel :

La fabrication de votre propre déodorant à domicile est simple. Les ingrédients courants incluent l'huile de coco, le bicarbonate de soude et l'amidon de maïs. Vous pouvez personnaliser les parfums avec des huiles essentielles. Non seulement cela réduit les déchets d'emballage, mais cela peut aussi être plus doux pour la peau que les déodorants commerciaux.

### 4.4.5.3.5 Produits pour la peau :

Vous pouvez fabriquer des produits pour la peau tels que des crèmes hydratantes, des baumes à lèvres et des exfoliants à partir d'ingrédients naturels comme le beurre de karité, l'huile d'olive, le sucre, et des huiles essentielles. Ces produits sont doux pour la peau et vous permettent de personnaliser votre routine de soins.

En fabriquant vos propres produits d'hygiène, vous avez un contrôle total sur les ingrédients, ce qui signifie que vous pouvez éviter les produits chimiques potentiellement nocifs présents dans de nombreux produits commerciaux. De plus, vous réduisez les déchets d'emballage en réutilisant des contenants, en évitant les bouteilles en plastique et les emballages superflus. C'est un moyen pratique et efficace de vivre de manière plus durable tout en prenant soin de votre hygiène personnelle.

### 4.4.5.4 Réduire les déchets de salle de bains :

Adoptez des habitudes pour réduire les déchets de salle de bains. Utilisez des lingettes lavables au lieu de lingettes jetables, préférez les cotons-tiges en bambou aux cotons-tiges en plastique, et optez pour des serviettes hygiéniques lavables plutôt que jetables.

Apprenez à recycler correctement les emballages de produits d'hygiène et à éliminer les produits périmés de manière responsable. Évitez de jeter des produits dans les toilettes, ce qui peut avoir un impact environnemental négatif.

Adopter une approche durable de l'hygiène personnelle signifie prendre en compte l'impact de vos choix sur la planète et les générations futures. En intégrant ces pratiques dans votre routine quotidienne, vous contribuerez à réduire la pollution plastique, à économiser des ressources naturelles précieuses et à créer un avenir plus propre et plus sain pour tous.

Assurer un accès à l'eau propre et aux soins d'hygiène ne concerne pas seulement le confort au quotidien, mais revêt une importance capitale pour notre santé fondamentale et pour la durabilité de notre planète. En effet, ces besoins essentiels sont au cœur de notre bien-être global et de notre responsabilité envers l'environnement.

- Santé et bien-être : L'accès à l'eau potable et à des soins d'hygiène adéquats est un facteur déterminant pour notre santé physique et mentale. Des mains propres et une bonne hygiène buccale préviennent les maladies. Se laver régulièrement élimine les impuretés et les toxines de la peau. En prenant soin de notre hygiène personnelle, nous renforçons notre système immunitaire, réduisons le risque d'infections et préservons notre santé à long terme.

- Confiance et estime de soi : Une bonne hygiène personnelle renforce la confiance en soi et l'estime de soi. Lorsque nous nous sentons propres et bien soignés, nous avons une meilleure image de nous-mêmes. Cela se traduit par des interactions sociales plus positives, des relations solides et une plus grande confiance dans notre capacité à atteindre nos objectifs.

- Durabilité environnementale : En adoptant des pratiques économes et responsables dans ces domaines, nous faisons un choix éclairé pour la planète. L'utilisation rationnelle de l'eau préserve cette ressource précieuse pour les générations futures. De plus, la réduction des déchets liés aux produits d'hygiène et la sélection de produits respectueux de l'environnement contribuent à la lutte contre la pollution plastique et à la préservation de la biodiversité.

- Impact à long terme : Nos choix en matière d'eau et d'hygiène ont un impact à long terme, bien au-delà de notre vie quotidienne. En économisant de l'eau et en réduisant notre empreinte écologique, nous jouons un rôle dans la conservation des écosystèmes aquatiques et de la qualité de l'eau, préservant ainsi notre planète pour les générations futures.

# 5. Communauté et Entraide : Cultiver des Relations Solides pour Vivre Sans Argent

Au cœur de notre exploration pour vivre sans argent, nous découvrons un élément essentiel de notre voyage : la communauté et l'entraide. Dans cette section, nous plongerons profondément dans le rôle essentiel des communautés locales, l'importance du partage des ressources et des compétences, ainsi que les initiatives communautaires qui permettent de créer des environnements plus résilients et solidaires.

Imaginez un monde où la coopération prime sur la compétition, où les voisins s'entraident, et où les ressources sont partagées pour le bien de tous. C'est le monde que nous explorerons ici. Dans un monde axé sur la richesse matérielle, nous aspirons à découvrir la richesse des relations humaines, de l'entraide et de la solidarité. Cette section vous montrera comment votre communauté locale peut être une source inestimable de soutien lorsque vous choisissez de vivre sans argent, et comment votre engagement envers les autres peut non seulement transformer votre vie, mais aussi la vie de ceux qui vous entourent.

Préparez-vous à explorer comment les relations et les connexions humaines peuvent être le fondement d'une vie plus riche et plus épanouissante, bien au-delà des considérations matérielles. Ensemble, nous découvrirons les innombrables façons dont nous pouvons contribuer à bâtir des communautés plus fortes, plus solidaires et plus résilientes, où chacun trouve sa place et son rôle dans cette quête vers un mode de vie axé sur l'abondance partagée.

## 5.1 - Rôle des Communautés Locales : L'Épine Dorsale de la Vie Sans Argent

Les communautés locales jouent un rôle fondamental dans la réalisation d'un mode de vie sans argent. Elles sont l'épine dorsale de notre exploration pour vivre de manière plus frugale, durable et solidaire. Dans cette section, nous plongerons dans l'importance du rôle des communautés locales et de la façon dont elles peuvent vous soutenir dans votre quête d'une vie sans argent.

### 5.1.1 Soutien Social :

Votre communauté locale est une source précieuse de soutien social. Des voisins bienveillants, des amis proches et des membres de la famille peuvent offrir un filet de sécurité émotionnelle en périodes de transition vers un mode de vie sans argent. Ils peuvent également être des partenaires pour des projets d'entraide et d'échange de biens et de services.

### 5.1.2 Partage des Ressources :

Les communautés locales sont le lieu idéal pour le partage des ressources. Que ce soit en prêtant des outils, en échangeant des biens ou en partageant des produits alimentaires, le réseau de relations locales peut vous aider à répondre à de nombreux besoins sans avoir à dépenser de l'argent.

### 5.1.3 Échange de Compétences :

Au sein de votre communauté, il y a souvent une diversité de compétences et de connaissances. L'échange de compétences peut vous permettre de bénéficier de l'expertise des autres tout en partageant la vôtre. Par exemple, si vous êtes doué pour la réparation de vélos, vous pouvez offrir ce service à vos voisins en échange d'une compétence qu'ils possèdent.

### 5.1.4 Projets Collectifs :

Les communautés locales sont également des lieux propices à la création de projets collectifs. Que ce soit un jardin communautaire, un atelier de réparation partagé ou une coopérative de consommation, ces initiatives renforcent les liens au sein de la communauté et offrent des alternatives économiques et durables.

### 5.1.5 Soutien Émotionnel :

Lorsque vous choisissez de vivre sans argent, il peut y avoir des moments de doute ou de frustration. Votre communauté locale peut vous apporter un soutien émotionnel précieux en vous encourageant, en partageant des expériences similaires et en vous aidant à persévérer dans votre démarche.

Les communautés locales sont bien plus que des ensembles de voisins ; ce sont des écosystèmes humains qui offrent une multitude d'opportunités pour vivre de manière plus consciente, solidaire et durable. En découvrant le rôle central de ces communautés dans votre quête pour vivre sans argent, vous vous ouvrirez à de nouvelles possibilités de connexion, d'entraide et de croissance personnelle.

Dans les sections suivantes, nous explorerons en détail comment vous pouvez participer activement à votre communauté locale, partager vos ressources et vos compétences, et contribuer à la création de projets collectifs qui enrichissent la vie de tous.

## 5.2 - Partage des Ressources et des Compétences : Construire une Communauté Solidaire

L'une des pierres angulaires de la vie sans argent est la notion de partage des ressources et des compétences au sein de votre communauté locale. Le partage va bien au-delà de l'économie monétaire traditionnelle, il repose sur l'idée que la richesse réside dans les relations humaines et la coopération. Dans cette section, nous explorerons en détail le partage des ressources et des compétences et comment cela peut transformer votre mode de vie.

### 5.2.1 Économie du Partage :

L'économie du partage est une tendance croissante qui encourage les gens à partager des biens, des services et des compétences. Il existe de nombreuses plateformes en ligne qui facilitent le prêt ou le don de biens, comme les outils, les équipements sportifs ou les appareils ménagers. Vous pouvez participer à ces initiatives pour économiser de l'argent et réduire la consommation de ressources.

### 5.2.2 Échange de Compétences :

Chacun de nous possède un ensemble unique de compétences et de connaissances. L'échange de compétences au sein de votre communauté est une manière puissante de tirer parti de ces atouts. Par exemple, si vous êtes un expert en cuisine, vous pourriez organiser des cours de cuisine ou échanger vos compétences contre d'autres services, comme la réparation de vélo ou le jardinage.

### 5.2.3 Jardinage Communautaire :

Les jardins communautaires sont un excellent exemple de partage de ressources. En collaborant avec vos voisins pour cultiver des légumes, des herbes et des fruits, vous pouvez obtenir des produits frais sans avoir à les acheter. De plus, le jardinage favorise la cohésion communautaire et l'écologie.

### 5.2.4 Coopératives de Consommation :

Les coopératives de consommation sont des entreprises détenues et gérées collectivement par leurs membres. Elles permettent d'acheter des biens et des services en groupe, réduisant ainsi les coûts pour chaque membre. Les coopératives peuvent couvrir divers domaines, de l'alimentation à l'énergie en passant par le logement.

### 5.2.5 Projets Collaboratifs :

Vous pouvez également participer à des projets collaboratifs au sein de votre communauté. Ces initiatives peuvent inclure la construction de logements durables, la création d'ateliers de réparation partagés, ou la mise en place de services de covoiturage. Les projets collaboratifs renforcent la solidarité et permettent de créer des alternatives économiques.

En embrassant le partage des ressources et des compétences, vous découvrirez une nouvelle dimension de la richesse qui repose sur la générosité, la coopération et la confiance mutuelle. En plus d'économiser de l'argent, vous contribuerez à créer une communauté plus forte, plus solidaire et plus résiliente. Dans les sections suivantes, nous explorerons comment vous pouvez participer activement à ces pratiques et intégrer le partage dans votre vie quotidienne.

## 5.3 - Initiatives Communautaires : Bâtir un Avenir Ensemble

Les initiatives communautaires jouent un rôle vital dans la création d'un mode de vie sans argent florissant et résilient. Ces projets collectifs sont le reflet de la volonté d'une communauté de s'organiser pour répondre à ses besoins, tout en favorisant la solidarité et la durabilité. Dans cette section, nous explorerons diverses initiatives communautaires et la manière dont elles peuvent inspirer et transformer votre vie.

### 5.3.1 Jardins Communautaires :

Les jardins communautaires sont des oasis de verdure au sein des villes et des quartiers. Ils permettent aux résidents de cultiver des aliments frais, de se connecter à la nature et de renforcer les liens communautaires. En participant à un jardin communautaire, vous pouvez contribuer à votre propre approvisionnement alimentaire tout en partageant vos compétences en jardinage avec vos voisins.

### 5.3.2 Ateliers de Réparation Partagés :

Les ateliers de réparation partagés sont des espaces où les membres de la communauté peuvent apporter des objets cassés ou endommagés pour les réparer plutôt que de les jeter. Ces ateliers favorisent la durabilité en prolongeant la durée de vie des produits, tout en transmettant des compétences pratiques aux participants.

### 5.3.3 Coopératives de Consommation :

Les coopératives de consommation sont des entreprises détenues et gérées collectivement par leurs membres. Elles offrent une alternative économique aux achats traditionnels en permettant aux membres d'acheter des biens et des services en groupe, ce qui réduit les coûts individuels. Les coopératives peuvent couvrir une variété de besoins, de l'alimentation à l'énergie.

### 5.3.4 Énergies Renouvelables Communautaires :

De nombreuses communautés se tournent vers les énergies renouvelables pour répondre à leurs besoins en énergie. Les projets solaires ou éoliens communautaires permettent aux membres de produire de l'énergie propre tout en réduisant leur dépendance vis-à-vis des sources d'énergie fossile.

### 5.3.5 Covoiturage Communautaire :

Le covoiturage communautaire est une solution pratique pour économiser de l'argent et réduire l'impact environnemental des déplacements. En partageant des trajets avec vos voisins ou d'autres membres de la communauté, vous réduisez la congestion routière et les émissions de $CO_2$.

Ces initiatives communautaires ne sont que quelques exemples parmi tant d'autres. Elles démontrent la puissance de la collaboration au niveau local pour créer un mode de vie plus résilient et durable. En vous engageant dans de telles initiatives, vous contribuez non seulement à votre propre bien-être, mais vous participez également à la création d'une communauté plus forte, plus solidaire et plus équilibrée.

# 6. Survivre en cas de Maladie : Naviguer dans les Eaux de la Santé sans Couverture Médicale

La santé est l'un de nos biens les plus précieux, et face à la maladie, nous sommes tous vulnérables. Cependant, lorsque l'on choisit de vivre sans argent, les défis liés à la santé prennent une toute nouvelle dimension. Dans cette section, nous aborderons les défis spécifiques auxquels vous pourriez être confrontés en matière de santé sans couverture médicale, ainsi que les ressources et les approches qui peuvent vous aider à naviguer dans ces eaux incertaines.

## 6.1 Les Défis de la Santé sans Couverture Médicale : Naviguer dans l'Incertitude

Lorsque l'on choisit de vivre sans argent, l'absence d'une assurance santé traditionnelle est l'un des défis les plus complexes et délicats à affronter. Cette situation peut générer des préoccupations financières et logistiques considérables en cas de maladie. Dans cette section, nous allons examiner en profondeur les défis spécifiques auxquels vous pourriez être confronté en matière de santé sans couverture médicale, tout en cherchant des moyens de naviguer dans cette période d'incertitude.

### 6.1.1 Accès aux Soins de Santé Essentiels :

Lorsque vous n'avez pas d'assurance santé traditionnelle, l'accès aux soins de santé essentiels peut sembler hors de portée. Vous pourriez vous retrouver à vous demander comment obtenir des soins médicaux en cas de besoin, qu'il s'agisse d'une visite chez le médecin, d'une ordonnance médicale, ou de soins d'urgence. La crainte de ne pas pouvoir recevoir des soins adéquats peut être source de stress et d'anxiété.

### 6.1.2 Gestion des Coûts Médicaux :

Les coûts médicaux peuvent rapidement s'accumuler, même pour des soins de base. Sans assurance, vous pourriez être préoccupé par la manière de gérer financièrement les consultations médicales, les médicaments, les procédures médicales et les frais d'hospitalisation. La perspective de factures médicales élevées peut être écrasante.

### 6.1.3 Prévention des Problèmes de Santé :

La prévention des problèmes de santé devient encore plus cruciale lorsque l'on vit sans assurance médicale. Vous pourriez être confronté à la nécessité de prendre en main votre bien-être général de manière proactive pour éviter des problèmes de santé plus graves à l'avenir. Cela inclut des choix de vie sains, la recherche de ressources gratuites ou à faible coût pour les dépistages médicaux préventifs, et la gestion du stress pour maintenir une santé mentale et émotionnelle optimale.

La réalité de la santé sans couverture médicale peut être difficile à accepter, mais il est essentiel de comprendre que vous n'êtes pas seul dans cette situation. Il existe des ressources, des organisations caritatives, des cliniques gratuites et des programmes d'aide médicale qui peuvent offrir un soutien crucial en cas de besoin. Dans les sections à venir, nous explorerons ces solutions pour vous aider à surmonter ces défis tout en continuant à vivre de manière consciente et en accord avec vos valeurs.

Face à ces défis, rappelez-vous que la préparation et la recherche proactive peuvent jouer un rôle clé dans la préservation de votre bien-être et la gestion des coûts médicaux. Nous allons examiner en détail comment vous pouvez prendre des mesures pour faire face à la maladie et gérer les questions de santé lorsque l'assurance médicale traditionnelle n'est pas une option.

## 6.2 Ressources pour l'Accès aux Soins : Naviguer dans le Labyrinthe de la Santé sans Assurance

Cependant, il existe des alternatives et des ressources qui peuvent vous aider à faire face à ces défis. Dans cette section, nous explorerons des solutions telles que les cliniques gratuites, les programmes d'aide médicale, les soins de santé à faible coût, ainsi que des approches de prévention pour maintenir votre bien-être général.

La santé est un domaine où nous devons être particulièrement vigilants et créatifs lorsque nous cherchons à vivre sans argent. Les choix que nous faisons en matière de santé peuvent avoir un impact profond sur notre qualité de vie. Tout au long de cette section, nous examinerons comment prendre soin de votre santé et gérer les défis médicaux tout en continuant à vivre en accord avec vos valeurs et vos objectifs de vie.

Lorsque l'assurance santé traditionnelle n'est pas une option, il est essentiel de connaître les alternatives et les ressources qui peuvent vous aider à faire face aux défis de la santé. Dans cette section, nous allons explorer en détail ces solutions vitales, qui peuvent représenter la différence entre la détresse et la tranquillité d'esprit lorsque vous êtes confronté à des problèmes de santé inattendus.

### 6.2.1 Cliniques Gratuites :

Les cliniques gratuites constituent une bouée de sauvetage essentielle pour ceux qui vivent sans assurance médicale. Gérées par des organismes à but non lucratif, des établissements médicaux locaux, ou des volontaires dévoués, ces cliniques se consacrent à offrir des soins médicaux de base à ceux qui en ont besoin, souvent sans frais ou à des coûts minimes. Voici un aperçu détaillé de l'importance de ces cliniques et de la manière de les trouver et d'y accéder :

#### 6.2.1.1 Accès à des Soins Médicaux Essentiels :

Les cliniques gratuites sont conçues pour fournir des soins médicaux de base, notamment des consultations médicales, des examens physiques, des soins infirmiers, des vaccinations et d'autres services de santé essentiels. Elles peuvent également dispenser des conseils sur la gestion de problèmes de santé courants.

#### 6.2.1.1 Atouts pour les Personnes à Faible Revenu :

Ces cliniques sont spécialement adaptées aux personnes à faible revenu, aux sans-abri et à d'autres groupes vulnérables. Elles offrent un soutien crucial à ceux qui pourraient autrement ne pas avoir les moyens d'obtenir des soins médicaux, contribuant ainsi à réduire les inégalités en matière de santé.

#### 6.2.1.3 Répartition dans les Communautés :

Les cliniques gratuites sont répandues dans de nombreuses communautés à travers le monde. Elles peuvent être situées dans des centres de santé communautaires, des églises, des écoles, des centres de ressources pour sans-abri, ou d'autres lieux accessibles. En général, elles sont discrètes et ouvertes à tous ceux qui ont besoin de soins médicaux.

#### 6.2.1.4 Consultations Généralement Sans Frais :

Dans la plupart des cas, les cliniques gratuites proposent des consultations médicales sans frais pour les patients. Cependant, elles peuvent facturer des frais symboliques pour certains services, mais ces coûts sont nettement inférieurs à ceux d'une consultation médicale privée ou d'une visite aux urgences.

#### 6.2.1.5 Procédure de Prise de Rendez-Vous :

Pour accéder à une clinique gratuite, vous pouvez généralement prendre rendez-vous à l'avance ou vous présenter en tant que patient non programmé. Les procédures varient d'une clinique à l'autre, il est donc recommandé de contacter la clinique directement ou de consulter son site web pour obtenir des informations spécifiques sur la prise de rendez-vous.

#### 6.2.1.6 Engagement Bénévole :

Les cliniques gratuites dépendent souvent du soutien de bénévoles, y compris des professionnels de la santé tels que des médecins, des infirmières et des pharmaciens. Leur engagement désintéressé est essentiel pour maintenir ces cliniques en fonctionnement.

### 6.2.1.7 Confidentialité et Respect :

Les cliniques gratuites sont tenues de respecter les normes de confidentialité médicale et de garantir que les patients sont traités avec dignité et respect.

L'accès aux cliniques gratuites peut jouer un rôle vital dans la gestion de votre santé lorsque vous n'avez pas d'assurance médicale traditionnelle. En explorant ces ressources précieuses, vous pouvez obtenir les soins médicaux dont vous avez besoin pour rester en bonne santé, tout en préservant votre bien-être financier. Nous vous encourageons également à rechercher des cliniques gratuites locales et à découvrir comment elles peuvent vous aider dans votre parcours vers une vie sans argent.

## 6.2.2 Programmes Gouvernementaux d'Aide Médicale : Accès aux Soins pour Tous

De nombreux pays reconnaissent l'importance de garantir l'accès aux soins médicaux pour tous, y compris pour ceux qui ne disposent pas d'une assurance santé traditionnelle. En conséquence, ils proposent des programmes gouvernementaux d'aide médicale, conçus pour aider les personnes sans assurance à couvrir les frais médicaux nécessaires. Ces programmes peuvent être un filet de sécurité essentiel pour ceux qui font face à des problèmes de santé imprévus. Voici comment ils fonctionnent et comment vous pouvez vérifier votre éligibilité et vous inscrire :

### 6.2.2.1 Éligibilité Basée sur le Revenu :

La plupart de ces programmes d'aide médicale déterminent l'éligibilité en fonction du revenu du ménage. Les critères de revenu varient d'un pays à l'autre et peuvent également dépendre de la taille de la famille. Vous devrez généralement fournir des informations sur vos revenus et vos dépenses pour déterminer si vous remplissez les conditions d'éligibilité.

### 6.2.2.2 Demande d'Inscription :

Pour vous inscrire à ces programmes, vous devrez généralement remplir une demande. Cette demande peut être soumise en ligne, par courrier ou en personne dans un bureau local de l'organisme chargé de l'aide médicale. Les formulaires de demande sont généralement disponibles sur les sites web gouvernementaux ou dans les bureaux locaux.

### 6.2.2.3 Documentation Requise :

Vous devrez fournir des documents justificatifs pour appuyer votre demande. Cela peut inclure des preuves de revenu, de résidence et d'autres informations personnelles. Assurez-vous de rassembler tous les documents nécessaires avant de soumettre votre demande.

### 6.2.2.4 Traitement de la Demande :

Une fois votre demande soumise, elle sera examinée par l'organisme chargé de l'aide médicale. Ce processus peut prendre un certain temps, alors soyez prêt à patienter pendant l'examen de votre demande.

### 6.2.2.5 Notification de l'Éligibilité :

Une fois que votre demande a été traitée, vous recevrez une notification vous informant de votre éligibilité aux prestations d'aide médicale. Si vous êtes éligible, vous recevrez des informations sur la couverture médicale que vous pouvez obtenir grâce au programme.

### 6.2.2.6 Avantages Médicaux :

Les programmes d'aide médicale couvrent généralement une gamme de soins médicaux, y compris les consultations médicales, les médicaments, les soins d'urgence, les hospitalisations et d'autres services de santé essentiels. Les prestations varient d'un programme à l'autre, il est donc important de comprendre ce qui est couvert.

### 6.2.2.7 Renouvellement et Maintenance :

Dans de nombreux cas, vous devrez renouveler votre adhésion périodiquement et mettre à jour vos informations en fonction des changements de votre situation. Assurez-vous de respecter les délais de renouvellement pour continuer à bénéficier de la couverture médicale.

Les programmes gouvernementaux d'aide médicale peuvent constituer une ressource vitale pour ceux qui vivent sans assurance. Ils visent à garantir que personne ne soit privé de soins médicaux essentiels en raison d'une absence d'assurance. Il est essentiel de comprendre les critères d'éligibilité de votre pays et de suivre le processus de demande pour obtenir la couverture dont vous avez besoin en cas de problème de santé. Nous vous guiderons tout au long de ce processus afin que vous puissiez accéder aux soins médicaux nécessaires pour maintenir votre bien-être, même lorsque l'assurance médicale traditionnelle n'est pas une option.

## 6.2.3 Soins de Santé à Faible Coût : L'Accès à des Services Médicaux Abordables

En complément des cliniques gratuites et des programmes gouvernementaux d'aide médicale, il existe d'autres options pour accéder à des soins de santé abordables. Les établissements de soins de santé à faible coût, tels que les centres de santé communautaires et les centres de soins ambulatoires, jouent un rôle crucial dans la fourniture de services médicaux à un coût accessible. Voici un aperçu de ces ressources et de la manière d'en bénéficier :

### 6.2.3.1 Centres de Santé Communautaires :

Les centres de santé communautaires sont des établissements de soins de santé à but non lucratif qui servent souvent les populations locales, y compris celles qui n'ont pas d'assurance médicale. Ils offrent une gamme complète de services médicaux, allant des consultations médicales de routine aux soins préventifs, en passant par les soins dentaires et les services de santé mentale. Ces centres sont répartis dans de nombreuses communautés et peuvent être une excellente ressource pour obtenir des soins médicaux à faible coût.

### 6.2.3.2 Centres de Soins Ambulatoires :

Les centres de soins ambulatoires sont des établissements de santé où les patients reçoivent des soins médicaux sans être hospitalisés. Ils sont souvent spécialisés dans des domaines spécifiques tels que la pédiatrie, la gynécologie, la dermatologie, etc. Les centres de soins ambulatoires offrent généralement des tarifs abordables pour les consultations médicales et les procédures médicales légères.

### 6.2.3.3 Tarification à Faible Coût :

Les établissements de soins de santé à faible coût appliquent généralement une tarification basée sur les revenus des patients. Cela signifie que le coût des services médicaux est adapté à la capacité financière de chaque individu. Les personnes à faible revenu bénéficient ainsi de tarifs abordables, ce qui les aide à accéder à des soins de qualité sans supporter une charge financière excessive.

### 6.2.3.4 Programmes de Prévention :

En plus des consultations médicales, ces établissements mettent souvent l'accent sur la prévention des problèmes de santé. Ils proposent des dépistages, des vaccinations, des examens de santé et des conseils sur les modes de vie sains. La prévention joue un rôle clé dans le maintien de votre bien-être général et peut vous aider à éviter des problèmes de santé graves.

### 6.2.3.5 Engagement Communautaire :

Comme les cliniques gratuites, de nombreux centres de santé communautaires dépendent du soutien de bénévoles et de personnel dévoué. Leur engagement envers la santé de la communauté locale est essentiel pour assurer un accès continu à des soins de santé abordables.

L'accès à des soins de santé abordables est une pierre angulaire de la gestion de votre santé lorsque vous vivez sans assurance médicale traditionnelle. Les établissements de soins de santé à faible coût sont conçus pour répondre aux besoins de ceux qui ont des ressources limitées, en veillant à ce que personne ne soit privé de soins médicaux essentiels en raison de contraintes financières. Dans cette section, nous vous guiderons sur la manière de tirer le meilleur parti de ces ressources pour maintenir votre bien-être physique, mental et émotionnel sans compromettre votre stabilité financière.

## 6.2.4 Prévention pour le Bien-Être Général : Investir dans Votre Santé

La prévention est un pilier essentiel de la gestion de la santé lorsque l'assurance médicale traditionnelle n'est pas disponible. En prenant des mesures proactives pour prendre en charge votre bien-être général, vous pouvez réduire le risque de problèmes de santé graves et améliorer votre qualité de vie. Dans cette section, nous explorerons diverses stratégies de prévention pour votre bien-être général :

### 6.2.4.1 Nutrition Équilibrée : Manger Sainement, Même avec un Petit Budget

L'alimentation équilibrée est un pilier fondamental du bien-être général. Elle fournit à votre corps les nutriments essentiels dont il a besoin pour fonctionner correctement, renforcer votre système immunitaire, et prévenir les problèmes de santé. Même lorsque vous vivez sans argent, il est possible de manger sainement en faisant des choix judicieux et en utilisant efficacement vos ressources. Voici comment adopter une alimentation équilibrée avec un budget limité :

#### 6.2.4.1.1 Priorité aux Aliments Complets :

Les aliments complets, tels que les grains entiers, les légumes, les fruits et les légumineuses, sont riches en nutriments essentiels, en fibres et en antioxydants. Ils constituent la base d'une alimentation équilibrée. Recherchez les produits frais et locaux lorsque c'est possible, car ils sont souvent plus abordables que les produits importés.

#### 6.2.4.1.2 Planification de Repas :

Planifier vos repas à l'avance peut vous aider à économiser de l'argent tout en favorisant une alimentation équilibrée. Établissez un plan de repas hebdomadaire, en incluant une variété d'aliments, et faites une liste d'achats pour éviter les achats impulsifs.

#### 6.2.4.1.3 Achats Économiques :

Cherchez des aliments abordables, tels que les légumes et fruits de saison, les légumineuses, les œufs, les céréales complètes et les protéines maigres comme le poulet ou le tofu. Les produits en vrac et les marques de distributeurs sont souvent moins chers que les produits de marque.

#### 6.2.4.1.4 Réduction du Gaspillage :

Évitez le gaspillage alimentaire en utilisant toutes les parties des aliments, en recyclant les restes dans de nouveaux plats, et en faisant des portions appropriées pour éviter les restes inutiles. Les aliments en conserve ou congelés peuvent également être économiques et ont une longue durée de conservation.

#### 6.2.4.1.5 Cuisiner à la Maison :

Préparer vos repas à la maison est généralement moins cher et plus sain que de manger au restaurant ou de commander de la nourriture prête à l'emploi. Vous avez le contrôle total sur les ingrédients que vous utilisez et pouvez éviter les additifs alimentaires nocifs.

#### 6.2.4.1.6 Éviter les Aliments Transformés :

Les aliments transformés, riches en sel, en sucre et en graisses saturées, sont souvent plus chers et moins sains que les aliments non transformés. Limitez la consommation d'aliments transformés pour préserver votre santé et votre budget.

#### 6.2.4.1.7 Économiser sur les Boissons

L'eau du robinet est une option économique et saine pour rester hydraté. Évitez les boissons sucrées et gazeuses, qui peuvent être coûteuses et peu nutritives.

### 6.2.4.1.8 Recherchez les Rabais :

Profitez des offres spéciales, des coupons et des promotions pour économiser de l'argent sur les produits alimentaires. De plus, certains marchés offrent des réductions pour les étudiants, les personnes âgées et les personnes à faible revenu.

L'adoption d'une alimentation équilibrée même avec un budget limité est tout à fait réalisable. En faisant des choix alimentaires judicieux, en planifiant vos repas et en évitant le gaspillage, vous pouvez maintenir votre santé et prévenir les problèmes de santé tout en préservant votre stabilité financière. Une alimentation saine est un investissement dans votre bien-être à long terme.

## 6.2.4.2 Activité Physique : Bouger pour la Santé

L'activité physique régulière est un élément essentiel du maintien d'un mode de vie sain et équilibré. Elle offre de nombreux avantages pour la santé, tant sur le plan physique que mental. Peu importe votre situation financière, il est possible d'intégrer l'activité physique dans votre vie quotidienne sans avoir besoin d'équipement coûteux ou d'adhésion à une salle de sport. Voici comment vous pouvez vous engager dans une activité physique régulière :

### 6.2.4.2.1 Marche :

La marche est l'une des formes d'exercice les plus simples et accessibles. Vous pouvez marcher dans votre quartier, dans un parc local, ou même autour de votre domicile. Essayez de marcher au moins 30 minutes par jour, ou fractionnez cette période en plusieurs courtes promenades.

### 6.2.4.2.2 Exercices à la Maison :

Vous n'avez pas besoin de matériel coûteux pour faire de l'exercice à la maison. Les exercices au poids du corps, tels que les squats, les fentes, les pompes et les planches, peuvent être efficaces pour renforcer vos muscles. Vous pouvez également suivre des vidéos d'exercices en ligne gratuites.

### 6.2.4.2.3 Activités en Plein Air :

Profitez des activités en plein air telles que le vélo, la randonnée, le jogging, le yoga en plein air, ou la natation si vous avez accès à une piscine publique.

### 6.2.4.2.4 Utilisez les Ressources Locales :

De nombreuses communautés offrent des installations de loisirs publiques telles que des sentiers de randonnée, des terrains de sport ou des aires de jeux. Utilisez ces ressources locales pour rester actif.

### 6.2.4.2.5 Trouvez un Ami ou un Groupe :

L'exercice devient souvent plus amusant lorsque vous le faites avec d'autres personnes. Recherchez un ami ou un groupe local qui partage votre intérêt pour l'activité physique.

### 6.2.4.2.6 Créez un Programme Régulier :

Pour obtenir des avantages optimaux pour la santé, essayez de faire de l'exercice de manière régulière. Fixez-vous des objectifs réalisables et respectez un programme d'exercice qui vous convient.

### 6.2.4.2.7 Restez Hydraté et Bien Nourri :

Assurez-vous de boire suffisamment d'eau et de manger de manière équilibrée pour fournir à votre corps l'énergie nécessaire pour l'exercice.

### 6.2.4.2.8 Consultez un Professionnel de la Santé :

Si vous avez des problèmes de santé ou des préoccupations particulières, il peut être judicieux de consulter un professionnel de la santé avant de commencer un programme d'exercices.

L'activité physique régulière est un investissement dans votre santé à long terme. Elle peut vous aider à maintenir un poids santé, à renforcer votre système immunitaire, à améliorer votre bien-être mental, et à réduire le risque de maladies chroniques. En intégrant l'exercice dans votre vie quotidienne, vous pouvez profiter de ces avantages sans compromettre votre stabilité financière.

## 6.2.4.3 Gestion du Stress : Cultiver la Sérénité pour une Meilleure Santé

Le stress chronique peut être dévastateur pour la santé physique et mentale. Il peut entraîner des problèmes tels que l'hypertension, l'anxiété, la dépression, des troubles du sommeil et une altération du système immunitaire. Lorsque vous vivez sans argent, il est d'autant plus important de développer des techniques de gestion du stress pour préserver votre bien-être général. Voici comment vous pouvez cultiver la sérénité dans votre vie :

### 6.2.4.3.1 Méditation :

La méditation est une technique éprouvée pour réduire le stress et favoriser la détente. Vous n'avez pas besoin de beaucoup de temps pour méditer. Même quelques minutes par jour peuvent être bénéfiques. Il existe de nombreuses applications gratuites de méditation qui vous guideront à travers des séances de méditation courtes et efficaces.

### 6.2.4.3.2 Respiration Profonde :

La respiration profonde est une technique simple mais puissante pour calmer le système nerveux. Pratiquez la respiration profonde en inspirant lentement par le nez, en retenant votre souffle pendant quelques secondes, puis en expirant lentement par la bouche. Répétez ce processus plusieurs fois pour réduire le stress.

### 6.2.4.3.3 Pleine Conscience :

La pleine conscience consiste à porter une attention consciente à l'instant présent. Cela peut être fait en se concentrant sur vos sensations physiques, vos pensées ou votre environnement. La pleine conscience vous aide à éviter la rumination sur les soucis futurs ou passés, ce qui réduit le stress.

### 6.2.4.3.4 Yoga :

Le yoga combine l'exercice physique, la méditation et la respiration profonde pour favoriser la relaxation et la souplesse. Il existe de nombreuses vidéos en ligne gratuites qui vous guideront à travers des séances de yoga adaptées à tous les niveaux.

### 6.2.4.3.5 Journaling :

Tenir un journal de vos pensées et émotions peut vous aider à comprendre et à gérer le stress. Écrire régulièrement sur ce qui vous préoccupe peut vous donner une perspective nouvelle sur les problèmes et aider à les désamorcer.

### 6.2.4.3.6 Activités Relaxantes :

Consacrez du temps à des activités relaxantes qui vous plaisent, comme la lecture, la musique, la peinture ou la marche dans la nature. Ces moments peuvent vous permettre de vous détendre et de déstresser.

### 6.2.4.3.7 Soutien Social :

Parler de vos préoccupations avec des amis, des membres de la famille ou un professionnel de la santé mentale peut être un moyen efficace de réduire le stress. Le soutien social est précieux pour gérer les pressions de la vie.

### 6.2.4.3.8 Développement de la Résilience :

Apprenez à voir les défis comme des opportunités de croissance. La résilience mentale vous aide à faire face aux difficultés avec un esprit plus calme et résolu.

La gestion du stress est un élément crucial de la préservation de votre bien-être général lorsque vous vivez sans argent. En incorporant ces techniques dans votre quotidien, vous pouvez réduire les effets négatifs du stress sur votre santé physique et mentale. Cultiver la sérénité vous permettra de faire face aux défis de la vie de manière plus positive et équilibrée.

### 6.2.4.4 Soins Personnels : Nourrir le Corps et l'Esprit

Les soins personnels englobent une gamme d'habitudes et de pratiques qui contribuent à votre bien-être physique et mental. Même lorsque vous vivez sans argent, il est essentiel de prendre soin de votre corps et de votre esprit. Voici quelques aspects importants des soins personnels :

### 6.2.4.4.1 Sommeil Suffisant :

Le sommeil est crucial pour la récupération physique et mentale. Essayez de maintenir une routine de sommeil régulière en vous couchant et en vous réveillant à des heures fixes. Créez un environnement propice au sommeil en gardant votre chambre sombre, fraîche et calme.

### 6.2.4.4.2 Hygiène Personnelle :

Une bonne hygiène personnelle est essentielle pour prévenir les infections et maintenir une image de soi positive. Même si vous n'avez pas accès à des produits d'hygiène coûteux, vous pouvez fabriquer vos propres produits d'hygiène à la maison, tels que du dentifrice, du shampoing et du savon, en utilisant des ingrédients simples et abordables.

### 6.2.4.4.3 Relaxation :

Le stress peut avoir des effets néfastes sur la santé. Pratiquez la relaxation régulièrement pour apaiser votre esprit et votre corps. Des techniques telles que la méditation, le yoga, la lecture, et la musique apaisante peuvent vous aider à vous détendre.

### 6.2.4.4.4 Auto-Examen :

Prenez l'habitude de surveiller votre santé en vous examinant régulièrement. Par exemple, effectuez des auto-examens des seins ou des testicules pour détecter tout signe précoce de problème de santé. Cela peut contribuer à une détection précoce et à une intervention rapide en cas de problème.

### 6.2.4.4.5 Alimentation Équilibrée :

Nous avons déjà discuté de l'importance d'une alimentation équilibrée pour la prévention. En veillant à bien nourrir votre corps avec des aliments nutritifs, vous soutenez votre système immunitaire et votre bien-être général.

### 6.2.4.4.6 Activité Physique :

L'exercice régulier fait partie intégrante des soins personnels. Il contribue à la santé physique et mentale en renforçant les muscles, en améliorant la circulation sanguine et en favorisant la libération d'endorphines, des hormones qui procurent une sensation de bien-être.

### 6.2.4.4.7 Consultation Médicale :

Même si vous n'avez pas d'assurance médicale traditionnelle, ne négligez pas les soins médicaux lorsque cela est nécessaire. Recherchez des cliniques gratuites, des programmes d'aide médicale ou des services médicaux à faible coût pour obtenir des soins en cas de besoin.

Prendre soin de vous-même est un acte d'amour envers votre propre corps et esprit. Même avec un budget limité, vous pouvez intégrer ces pratiques de soins personnels dans votre routine quotidienne pour maintenir un bien-être optimal. En prenant soin de vous, vous serez mieux équipé pour faire face aux défis de la vie et pour vivre en accord avec vos valeurs et objectifs de vie.

### 6.2.4.5 Dépistages et Examens Préventifs : Préserver Votre Santé à Long Terme

Les dépistages et les examens préventifs jouent un rôle crucial dans la préservation de votre santé, en permettant la détection précoce de problèmes médicaux. Même si vous n'avez pas d'assurance médicale traditionnelle, il existe des moyens d'accéder à des dépistages gratuits ou à faible coût pour surveiller votre santé à long terme. Voici quelques exemples de dépistages et d'examens préventifs importants :

#### 6.2.4.5.1 Mammographies :

Les mammographies sont essentielles pour la détection précoce du cancer du sein, qui peut être traité avec succès lorsqu'il est diagnostiqué tôt. Recherchez des programmes de dépistage gratuits ou subventionnés localement pour les femmes admissibles.

#### 6.2.4.5.2 Dépistage du Cancer Colorectal :

Le cancer colorectal est l'un des cancers les plus courants, mais il peut être traité efficacement lorsqu'il est détecté précocement. Des tests de dépistage tels que la coloscopie et le test sanguin occulte des selles peuvent vous aider à surveiller votre santé intestinale.

#### 6.2.4.5.3 Contrôles de la Pression Artérielle :

La surveillance régulière de la pression artérielle est cruciale pour la prévention des maladies cardiovasculaires. De nombreuses pharmacies et cliniques offrent des vérifications gratuites de la pression artérielle.

#### 6.2.4.5.4 Tests de Cholestérol :

Les tests de cholestérol permettent de mesurer votre taux de cholestérol sanguin, un facteur de risque important pour les maladies cardiaques. Recherchez des programmes de dépistage gratuits ou à faible coût dans votre région.

#### 6.2.4.5.5 Vaccinations :

Les vaccinations sont une forme importante de prévention des maladies infectieuses. Certaines vaccinations sont offertes gratuitement dans le cadre de programmes de santé publique, notamment celles pour les enfants et les adultes plus âgés.

#### 6.2.4.5.6 Dépistage de la Vue et de l'Audition :

Une vision et une audition saines sont essentielles pour la qualité de vie. Recherchez des cliniques gratuites ou à faible coût qui proposent des tests de la vue et de l'audition.

#### 6.2.4.5.7 Programmes de Dépistage Locaux :

Les programmes de santé publique locaux, les hôpitaux communautaires et les cliniques gratuites proposent souvent des dépistages préventifs à un coût réduit ou gratuit pour les personnes à faible revenu.

Négliger les dépistages et les examens préventifs peut entraîner des problèmes de santé non diagnostiqués et non traités. En profitant des ressources locales et des programmes de dépistage, vous pouvez prendre des mesures actives pour surveiller votre santé à long terme, même sans assurance médicale traditionnelle. La détection précoce des problèmes de santé augmente considérablement les chances de traitement et de guérison.

La prévention est une démarche proactive qui peut améliorer significativement votre qualité de vie et réduire les coûts médicaux à long terme. En adoptant un mode de vie axé sur la prévention, vous investissez dans votre bien-être général et réduisez le risque de problèmes de santé graves. Dans cette section, nous vous fournirons des conseils pratiques pour prendre en charge votre santé et préserver votre bien-être, même sans assurance médicale traditionnelle.

# 7. Conclusion : Vivre Sans Argent - Une Exploration de la Liberté Financière

La conclusion de notre voyage à travers les possibilités de vivre sans argent est l'occasion de faire le point sur ce que nous avons découvert et sur les réflexions qui en découlent concernant le bien-être et la satisfaction de vie.

## 7.1 Bilan des Possibilités de Vivre Sans Argent :

Au cours de ce voyage, nous avons exploré une variété de stratégies et d'alternatives pour vivre sans argent. Nous avons vu comment réduire les dépenses au minimum, cultiver l'autosuffisance et l'écologie, et participer à l'économie de partage et d'échange. Nous avons discuté des moyens de répondre à nos besoins fondamentaux tels que le logement, la nourriture, les vêtements, l'accès à l'eau et à l'hygiène. Nous avons également abordé la question de la santé sans couverture médicale, en explorant des ressources pour l'accès aux soins.

## 7.2 Réflexions sur le Bien-Être et la Satisfaction de Vie :

Au-delà des aspects pratiques de vivre sans argent, cette exploration nous a amenés à réfléchir sur ce que signifie réellement le bien-être et la satisfaction de vie. Nous avons découvert que la quête de la liberté financière peut être une opportunité de réévaluer nos priorités, de renforcer nos liens communautaires, et de vivre en harmonie avec la nature. Elle nous a également rappelé l'importance de la créativité, de l'ingéniosité, et de la résilience humaine.

La vie sans argent n'est pas sans défis, et elle peut ne pas convenir à tout le monde. Cependant, elle offre une perspective fascinante sur la façon dont nous pouvons réduire notre dépendance à l'argent, repenser notre relation avec la consommation, et chercher des sources de satisfaction et de bonheur qui vont au-delà des biens matériels.

En fin de compte, la liberté financière ne réside pas seulement dans le montant d'argent que nous avons, mais dans la manière dont nous choisissons de vivre et de donner un sens à notre vie. Que vous soyez curieux de vivre sans argent ou que vous cherchiez simplement des moyens d'améliorer votre qualité de vie tout en dépensant moins, nous espérons que cette exploration vous a fourni des informations utiles et des perspectives inspirantes.

Alors que vous poursuivez votre propre chemin vers une vie plus épanouissante et durable, rappelez-vous que le véritable trésor réside dans la découverte de ce qui compte vraiment pour vous, dans la création de liens avec les autres, et dans la contribution à un monde meilleur. La liberté financière est un voyage personnel et continu, et chaque étape compte dans la recherche du bonheur et de la satisfaction. Merci de nous avoir accompagnés dans cette aventure, et nous vous souhaitons tout le meilleur dans la poursuite de vos propres rêves et objectifs.

www.ingramcontent.com/pod-product-compliance
Lightning Source LLC
Chambersburg PA
CBHW072226290526
45794CB00007B/2907